JN437367

섬나무의 꿈

섶나무의 꿈

초판 1쇄 인쇄 2021년 2월 10일
초판 1쇄 발행 2021년 2월 15일

지은이 조동진
펴낸이 金泰奉
펴낸곳 도서출판 띠앗
등 록 제4-414호

편 집 박창서, 김수정
마케팅 김명준
홍 보 김태일

주 소 (우) 05044 서울시 광진구 아차산로 413(구의동 243-22)
전 화 (02)454-0492(代)
팩 스 (02)454-0493
이메일 ddiat@ddiat.co.kr
홈페이지 www.hansom.co.kr

ISBN 978-89-5854-129-5 (03810)

*책값은 표지에 표시되어 있습니다.
*잘못 만들어진 책은 구입하신 서점에서 친절하게 바꿔드립니다.

섶나무의 꿈

조동진

도서출판 띠앗

| 시인의 말 |

아침 이슬이
풀잎에 맺혀 있을 때는
진주처럼 영롱한 빛을 내지만
똑똑 떨어져 흙 속에 스며들면
흔적(痕迹) 없이 사라지듯
우리의 삶도 무언가를 위하여
꾸준히 노력할 때 가장 빛나며
아름다운 것이기에
살아가는 그날까지
아름다움을 간직하려
수많은 노력을 아끼지 않지만
뜻대로 되지 않는 것이 삶이기에
오늘도 그 삶에 채찍질하며
심기일전(心機一轉)할 것을 다짐해봅니다
보잘것없는 글을 선보이며….

2021년 1월
조동진

| 목차 |

제2부 삶을 위하여

제3부 그 큰 사랑

제4부 나의 기도

제1부

그리움의 불꽃

나는

나 살아 숨 쉬는 한
내 인생의 주인은 나 자신이다
고로 이 한 몸 다듬고 가꾸어가며
지켜내야 할 책임(責任)과
의무(義務)가 내게 있다
그 누구도 나를 대신할 수 없고
그 어떠한 것도 나를 대신할 수 없다

하여 내 인생은 내 것이기에
나는 나를 빛내려고
오늘도 닦고 조이고 기름 치며
나의 삶을 개척(開拓)해간다
내일의 안위(安慰)와 행복(幸福)을 위해…
보다 커다란 꿈과 사랑을 위해…

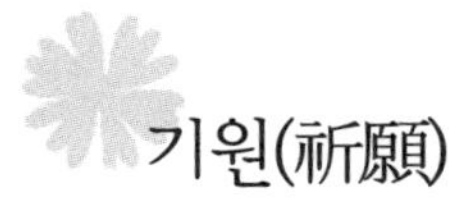

기원(祈願)

신성(神聖)한
하나의 생명으로 태어나
세월과 벗하며 성년(盛年)이 되어
만고풍상(萬古風霜)을
가슴에 담았으니
한 줌 하이얀 재가 될 때까지
바람이 되어 세상을 품으며
구름처럼 저 하늘에 살게 하소서!

흐르는 강물 되어 드넓은 세상 찾아
도도(滔滔)하게 흐르고 또 흘러
내 안에 품은 뜻 꽃피우게 하소서!
내가 먹고 자라며 키워온
그 꿈이 피어나게 하소서!
보잘것없으나
그래도 떳떳이 지켜온
이 작은 신념(信念)에
불꽃을 키워주소서!

삶

한 알의 씨앗
실바람 따라 흐르다
물 위에 내려앉아
흐르는 물길 따라
심산유곡(深山幽谷)을 지나
만경창파(萬頃蒼波)를 향해
쉬임 없이 흐르며
꿈을 먹고 꿈을 꾸며 꿈을 찾네

온갖 고초(苦楚) 속에서도
세찬 급류를 지나
삶이 넘쳐나는
만경창파에 도달(到達)해보니
상상(想像)속에 낙원(樂園)은 아니었네

그곳엔 온갖 생명들이 유영(遊泳)하며
저마다의 삶을 살찌우기 위하여
치열(熾熱)하고 처절(凄切)한

암투(暗鬪)를 벌이며
온갖 시샘과 모략(謀略)으로
두 눈을 반짝이며
먹잇감을 찾고 있었네

그러나 씨앗은 좌절(挫折)보다는
더욱 강한 삶의 의욕(意慾)을 키워
암초(暗礁)에 부딪히고
폭풍우(暴風雨)와 싸우며
좌초(坐礁)되지 않으려
힘겨운 사투(死鬪)를 벌이며
행복의 섬을 찾아 꿈을 찾아
밀물에 몸을 맡겨 흐른다네
내일에 있을 영광(榮光)을 위하여…

꿈

우리는
꿈이 있어
꿈을 키우며
꿈을 먹고 살기에
우리 모두는
꿈을 찾아 날지

하여
꿈이 없다 함은
꿈을 잃었다 함은
삶을 잃었음이요
생의 그 모든 것을
잃었음이지요

허나
키울 수 없는 꿈
지나친 야망으로
키워가는 꿈은

꿈이 아닌 욕심인 것을…

하여 욕심은
이룰 수 없는 망상(妄想)이 되어
심연(深淵) 저 깊은 곳으로
스러지고 마는 것
더 많은 것을 잃기 전에
지나친 욕심을 버리고
저 하늘을 나는 새처럼
빛 고운 무지개를 따라간다면
아름다운 꿈 피어나고
해맑고 곱디고운 사랑이 손짓하겠지…
보람찬 삶이 화답(和答)하겠지…

님에게

님이여! 내 사랑이여!
메마르고 황량한
이 작은 가슴속에서
활활 타오르는 그리움의 불꽃은
오직 님을 향한
내 사랑의 꿈이었다오

님이여! 내 사랑이여!
그 무엇으로도 대신할 수 없고
그 무엇과도 바꿀 수 없는
하여 언제까지나 붉게 타오르는
밝은 성화(聖火)가 되어
내 꿈을 조명(照明)하는
아름다운 사랑이여!
언제까지나 그 언제까지나
불꽃을 키우리다
불꽃을 지키리다
이 생명 다하는 그날까지…

아버지

아버지는
언제 어디서나
늘 푸른 상록수(常綠樹)처럼
만고상청(萬古常靑)하셨는데
기운이 넘쳐나던
드높은 태산(泰山) 같았는데
언제 어느 때부터인가
늘 푸른 상록수 같던 아버지가
흐르는 구름 따라 세월 따라
사철 옷을 갈아입으며
하나 둘씩 삭정이를 키워내며
아버지 검은 머리에도
허이연 서리 내리더니
하나 둘씩 삭정이를 두르시더니…

입에 붙은 듯 따라다니는
몹쓸 단어 하나는
아! 이젠 갈 때가 되었나 봐!

몸과 마음이 따로 놀 때마다
온몸이 부서지듯 아파올 때마다
무심코 던지시는 혼잣말은
아! 이젠 정말 갈 때가 되었나 봐!

엊그제만 해도 늘 푸른 상록수처럼
힘이 넘쳐나시던 아버지였는데
보일 듯 말 듯 야금야금 모든 것을 잃어가며
조금씩 조금씩 모든 것을 내려놓고 있네요
아무리 험한 폭풍우(暴風雨) 속에서도
아버지는 언제까지나 언제까지나
내 곁을 지켜주며 그늘이 되어주고
우산이 되어주리라 믿었는데
언제부터인가 세월의 부름에 답이라도 하듯
조금씩 조금씩 모든 것을 잃어가며
석양(夕陽)길을 바라보고 있네요
아버지는 그 모든 것을 내려놓으며
잃어가고 있네요

내 아버지만은 언제까지나 언제까지나
늘 푸른 상록수(常綠樹)이리라 믿었는데
나 미처 보은(報恩)을 깨닫기도 전에
아버지는 모든 것을 내려놓으며
자꾸만 자꾸만 작아지고 있네요
그 모든 것을 잃어가고 있네요
내 아버지만은 언제까지나
만고상청하리라 믿었는데…
내 아버지만은…

허무(虛無)

암울(暗鬱)한 잿빛 세상에
때 묻지 않은 순수(純粹)함으로
꿈을 먹고 꿈을 키우며
너만의 향기를 안고
축복받은 삶으로
세상에 꽃 피운 백합이여!
싱그러운 너의 모습
세상 그 모두가 탐(貪)하거늘
너의 아름다움에 현혹(眩惑)되거늘…

야속한 세월은
심산유곡(深山幽谷)에 물 흐르듯 흘러
곱디고운 너의 얼굴에도
어느새 한 줄 두 줄
검버섯 피어나더니
싱그럽고 우아하던 너의 모습
바람결에 낙화 되어 흩날리고
청초(淸楚)한 푸른 잎만

실바람과 노닐며 세상을 기웃거리는구나

세상만사
그 모든 삶이
시작과 끝의
연장선(延長線)이라 하지만
덧없이 흐르는 세월이
무정(無情)하구나
정녕 무정(無情)하구나
우리네 삶 또한 너와 같으리니…

갈꽃

나는
실바람에도 흔들리는
생각 없는 갈꽃
생각 없이 떠벌리고
생각 없이 방황(彷徨)하다
때늦은 뒤에 깨닫고 후회하며
때늦은 뒤에 반성(反省)하는
나는 한없이 나약(懦弱)한 존재(存在)

내게 생각할 줄 아는
선견지명(先見之明)이 있었다면
앞만 보고 매달리며
헛된 꿈과 야망에 부풀어
세상을 조롱(操弄)하며 살지 않았을 텐데
결코 나약(懦弱)하거나
후회뿐인 삶이 아닐 텐데…

하여 나는
생각할 줄 모르는 갈꽃
실바람에도 흔들리는
꿈도 생각도 없는 갈꽃
모진 비바람에
힘없이 꺾여버리고 마는
나는 한없이 작고 나약한
어설픈 섶나무…

젊은 청춘(靑春)

세상에서
제일 귀(貴)한 것은?
내 사랑하는 고향(故鄕)
그리움 가득한 연인(戀人)
무쇠 같은 건강(健康)
박식(博識)한 지혜(智慧)
금은보화(金銀寶貨)
아니면 권력(權力)

아니 절대 아니다
그 무엇도 아니다
내가 본 가장 귀(貴)한 것은
푸르른 젊음[靑春]이다
시리도록 푸르고
새파란 젊음[靑春]이다
허나 우리 젊은 날엔
그 젊음[靑春]이
얼마나 소중(所重)하고

귀(貴)한 것인 줄 모르고
겁 없이 소비(消費)했던 젊음[青春]
물 쓰듯 써버렸던 젊음[青春]이 그리워
나는 자신 있게 말할 수 있다

보라! 꿈을 먹고 꿈을 키우며
그 어떠한 것에도
자신 있게 도전(挑戰)할 수 있는
새파란 젊음[青春]이야말로
세상 그 무엇보다 진귀(珍貴)한
보석(寶石)이라고…

하여 세상에서 제일 비싸고 귀한 것은
시리도록 푸른 젊음[青春]인 것이다
젊음[青春]은 그 무엇으로도 살 수 없기에…

상념(想念)

잔뜩 찌푸린 밤하늘엔
별님마저 잠이 든 듯
칠흑 같은 어두움이 넘쳐나는
야심(夜深)한 이 밤에
뻐꾸기는 무슨 일로
저리 슬피 우는 걸까?
쉬임 없이 울어대는 뻐꾸기 소리에
잠 못 이뤄 뒤척이다
무심코 지나버린
옛일들을 되짚어본다

철부지 풋사랑에
설레이던 그 시절도
한잔 술로 씻어내려 했던
가슴 시린 삶의 고달픔도
헛된 꿈에 부풀어
생각 없이 도전하고 부딪쳐왔던
꿈 많고 한 많은 푸르던 그 시절도

오늘 와 다시 생각하니
그 모든 게 잊지 못할
그리움이요 추억이었네
사소한 것 하나하나 모든 게
꿈이요 소망이요 사랑이었네

나 젊은 날
무모했던 그 모든 도전이
보이지 않는 밑거름이 되어
나를 키우며 내 꿈을 키워
삶을 빛내며 이어가게 한
동력(動力)이요 징검다리였네
오늘날의 내가 존재(存在)하도록
밑거름이 되어준
고마운 스승이었네…

반성(反省)

내 집 텃밭에서
풀 한 포기 뽑아도 살생이요
내 집 화단(花壇)에서
벌레 한 마리 잡아도
분명 살생인 것을…

이런저런 일로
살생을 밥 먹듯 하면서도
나만은 절대 안 그런 척
뒤돌아 앉아 대수롭지 않게
당연시(當然視)하는
나는 누구인가?
생물(生物)인가?
지배자인가?
아니면 모든 것 관장(管掌)하는
신(神)이라도 되는 건가?

남의 것
남의 목숨쯤 없애는 건
너무도 손쉬운 재미로 생각하는
아! 나는 누구일까?
나를 뒤돌아보며 다시 한 번 생각하는
아니 다시 한 번 다짐하며 뉘우치며
나 아닌 남을 먼저 생각해야 할 텐데…

까? 분명 세상을 혼자 살 수 없음을
알면서도 몸과 마음이 따로 노는 것은
또 왜일까? 무엇 때문일까?
아마도 내 마음의 도량(度量)이 작아서이겠지
나만 아는 이기심 때문이겠지?
이젠 다시 한 번 삶을 돌이켜보아야겠다
세상은 더불어 사는 것임을
뒤늦게나마 조금은 알 것 같기에…

나그네

나는
어디서 왔다
어디로 가는 걸까?
지금 걷고 있는 이 길은
어디에서 시작해
어디로 이어지고 있을까?
또 어디쯤에서 끝날까?
이 길 저어 끝자락에는
또 무엇이 자리하고 있을까?

실바람 따라
살랑살랑 흐르다가
매서운 폭풍우에 휩쓸려
내 마음 내 꿈과는
너무도 다른 물가에 놓여
찰랑찰랑 넘치듯이
곡예를 한다

바람 따라 물길 따라
세상풍파에 나부끼며
울고 웃고 꿈을 꾸며
꿈을 먹고 살아가지

내 작은 심신(心身)
누이고 쉴 곳을 찾아
내일은 비출 것만 같은 서광(瑞光)을…
내일이면 올 것만 같은
꿈과 사랑을 찾는
나는 꿈벌레
꿈을 먹고
꿈을 꾸는 나그네…

고향

깊은 밤
매서운 한파에
따스한 실내가 그리운 듯
탐스러운 함박눈 펑펑
창문을 두드리네
문 좀 열어달라며…
고향을 찾아왔다며…

솜털보다 더 부드럽고
목화솜보다 더 따스한
따사로운 사랑이
엄마의 품속이라며
그 손길 그 품을
고향이라 이야기하며
모두들 그리워하는데…

보석보다 빛나며
초콜릿(chocolate)보다

더 달콤한
그곳이
고향이기에…
내 본향이기에…
하여 나는
오늘도 그리워하누나
저 머언 고향 하늘을…
실루엣(silhouette)처럼 희미한
나 어릴 적 고향을…

옛 친구

어스름 들녘에 서서
옛 생각에 빠져
그리움에 젖노라니
옛 친구 생각이 나
보고픔에 벼르고 또 벼르다가
단단히 준비하고 길 나섰네

허나
물어물어 찾은 친구는
왠지 모를 서먹함이
반가움을 막아섰고
계면쩍은 웃음 속에
지난 안부 몇 마디와
커피 한잔 나누다가
다시 보자 헛된 약속 안에
쓸쓸이 귀로(歸路)에 돌아섰네

차라리 그냥
마음속에 간직하며
막연한 그리움으로 남겨둘 걸
하는 아쉬움만
가슴 가득 채우고 돌아왔네

차라리 그냥
옛 생각 옛 추억으로
간직할 걸 하는 아쉬움에
마음 시려 헛헛했네

짝사랑

꽃님은
햇님을 좋아하나 봐
매무새를 잡겠노라며
햇님 등 뒤로 돌려놓고
호기심과 오기(傲氣)로
심술맞게 돌려놓아도
어느새 돌아앉아
햇님과 마주 보며
소곤소곤 도란도란 활짝 웃고 있지요
하늘 향해 두 팔 벌려
햇님과 춤을 추며 활짝 웃고 있지요
어느새 성큼 자라 꽃 피워
싱그러운 향기 폴폴 날리며
천진난만(天眞爛漫)하게
웃고 있지요

봄

양지 녘에 들고양이
졸음 몰고 봄님이 오시는가
재 넘어 실바람이
아지랑이 너울 몰고 봄님이 오시는가
처마 밑으로 흐르는
낙수 되어 봄님이 오시는가
겨울 찬비인지
때 이른 봄비인지
보슬비 나리며
은구슬 옥구슬 되어
잠자는 봄님을 깨우니
함초롬 나뭇가지에도
푸릇푸릇 봄님이 실눈을 뜨고
세상을 기웃기웃거리네
아! 곧 봄님이 오시려나 보다

춘몽(春夢)

따뜻한 봄날
아지랑이 피어오르듯
머릿속에 피어나는 고운 생각
꿈이 되고 시가 되어
내 마음에 문 두드리는데
두드림에 참뜻 알지 못하고
한낱 잡음(雜音)으로 넘겨버리는

아! 너무도 아둔한
나의 생각이여! 마음이여!
검은 장막으로 가리운
의심(疑心)과 불신(不信) 걷어내고
선한 꿈 밝은 꿈 가득 담아
내 마음의 참 평화 채우게 하소서!
참 사랑으로 거듭나게 하소서!

제2부

삶을 위하여

광인(狂人)

우리
아주 살짝 미쳐볼까?
그 어느 것 그 어느 곳이나 가리지 말고
그냥 살짝 미쳐보는 거지
어린아이로 되돌아가 보는 거야

마냥 곱고 아름답게
살짝 미쳐가며 온갖 사물과 노닐며
곱디고운 무지개 꿈을 찾아
선한 눈짓과 고운 미소로
이야기꽃을 피워보는 거야
하면 그들도
아름다운 꿈 이야기와
고운 노래로 화답(和答)하지 않을까?
빛 고운 무지개 동산을 펼쳐
곱디고운 꿈의 세계를 보여주며
삶을 노래하고 꿈의 세계를 노래하겠지

하여 너무도 아름답고
우아한 꿈의 세계를
느낌 그대로 노래하며
마음속에 그려보는 거야
광인(狂人) 아닌 광인(狂人)이 되어
목청껏 노래하는 거야
저 아름다운 세상을…
저 아름다운 사랑을 노래하며
작은 시인이 되어보는 거지
보다 자랑스러운
내일에 꿈을 키워보는 거지

사랑은

사랑은 변덕쟁이
기분에 따라 변하니까
사랑은 빛 좋은 개살구
겉과 속이 다르니까
사랑은 애완견
성질나면 할퀴고 무니까
사랑은 절친한 친구
세월 가면 잊히니까
사랑은 해우소 같은 것
들어갈 때와 나올 때가 다르니까
사랑은 밑 빠진 독
채워도 채워도 채워지지 않으니까

사랑은 지는 해 같기에
많은 사람 사랑에 아파하면서도
사랑 찾아 사랑을 탐(貪)하는 것은
사랑 속엔 엄마의 품속처럼 따뜻하고

떠나온 고향처럼
두고두고 그리우며
언제나 생각나는
아름다운 풍경(風景)이 있고
사랑 속엔 꿈과 희망이 있으며
사랑 속엔 배려(配慮)와 안위(安慰)가 있고
사랑 속엔 봉사(奉仕)와 헌신(獻身)이 있으며
사랑 속엔 언제나 크고 작은
희생(犧牲)이 자리하고 있기에
우리는 서로 따뜻하고 포근하게
서로를 포용(包容)하며
사랑 찾아 사랑을 실천하려 노력하는 것
하여 진정한 사랑은
위대한 꿈이요 행복이지…

그리움

비가 온다
주룩 주룩 장맛비가…
그래서 그런지
오늘 따라 님이 더 보고 싶다
왜? 오늘 따라
이토록 더더욱 보고 싶을까?
애써 잊어왔는데 참아왔는데…
오늘 따라 이렇게 더 보고 싶고 그리울까?

세월 가면 잊히려나 했건만
하나에서 열까지 잊지 못하고
모든 걸 기억하며 그 모습 떠올리고 있음은
또 무엇 때문일까?
이승에서는 더 이상 만날 수 없는 인연인데…

아마 정말 좋아했음이겠지?
너무도 그리워하고 있음이겠지?
정겹고 해맑은 그 미소를…

소박(素朴)한 그녀만의 아름다움이
영영(永永) 잊을 수가 없음이겠지?
그래 그녀에겐 마치 자석(磁石)처럼
내 모든 것을 잡아끄는 힘이 있었지
아니 주위의 모든 이들을
잡아끄는 묘(妙)한 힘이 있었지
작은 체구의 그녀에겐
부드럽고 가냘프면서도
담대(膽大)하고 날카로운 힘이 있었지
하여 그 모두가 좋아했던 사람이었기에
더더욱 잊을 수가 없는 것 아닐까?
조금은 개구진 듯한 활기찬 생전의 모습을
잊겠다 해놓고 잊어보려
애를 써보지만 잊을 수 없음은…
아마도 사랑했음일레라…

자책(自責)

나 이제
먼 길을 돌고 돌아
지는 해를 바라보며 회한(悔恨)에 잠겨
지나온 그 길을 뒤돌아보니
너무도 허접한 삶이었네

아! 그때는 왜 그랬을까?
후회와 아쉬움만 가득한
가슴 아프고 비열(卑劣)한 사연뿐이네
너무도 어설프고 부족한
삶의 연속이었네

하여 울부짖노니
잃어버린 젊음이여!
잃어버린 꿈과 사랑이여!
온갖 거짓으로 장식된 삶이여!
가면 속에 숨어 살아왔던 인생이여!
눈앞에 보이는 이익만 탐(貪)해온

어리석음의 나날이여!
이제 와 뒤돌아보니
아! 정녕 어리석었노라
참으로 부족함뿐인 모순(矛盾) 속에
지탱(支撐)해온 어설픈 삶이었노라

그러나 후회와 번민(煩悶) 속에서도
반성보다는 지나온 길 숨기기에 급급(汲汲)해
아직도 가면 속에 살고 있나니…
세월 따라 심신(心身)은 시들어가고 있는데
반성에 처방전 하나 없이
오히려 계속 복용하고 있는 죄악(罪惡)은
그 어떠한 처방전도 소용없는
나는 씻을 수 없는 죄인이로소이다
도저히 씻을 수 없는…

우리에겐

출세도 소중하고
부귀영화(富貴榮華)도 소중하지
그러나 더 귀중한 것은 사랑 아닐까?

하여 많은 사람 사랑 찾아 헤매는데
사랑은 찾는다고 오는 것이 아닌 듯
늘 사랑에 굶주려 목말라 하지

그러나 얄미운 사랑은
안개처럼 살며시 스며들었다가
안개처럼 슬며시 사라지기도 하지
아니 한여름 소나기 오듯
요란하게 쏟아지기도 하며
눈에 보이지도 않고
피부로 느낄 수도 없는
따스한 감동(感動)으로 다가오기도 하지

하여 사랑은 고귀(高貴)한 것
그 어떠한 강압(强壓)이나
강요(强要) 속에 희생(犧牲)을 요구(要求)하거나
재물로 매수(買收)하려 해도 안 되며
절대 구걸(求乞)해서도 안 되는 것
사랑은 존중(尊重)과 인내(忍耐)로 지켜내며
스스로 베풀고 다듬어갈 때
비로소 빛을 내며
아름답고 고귀하게 익어가는 것
하여 우리네 사는 곳에선
헤아릴 수 없이 수많은
사랑 이야기가 잉태(孕胎)되며 탄생하고
그 사랑을 머금고 삶을 지탱(支撑)하며
그 사랑 속에서 저물어가는 것이 삶이지만
우리 서로 사랑하며 살 수 있음은
우리 모두의 마음속엔
아름답고 빛 고운 무지개가 담겨 있음이지…
큰 사랑 베풀 줄 아는 정이 담겨 있음이지…

성모여!

성모여!
독생자의 모후이시며
지극히 어지신 어머니여!
성령의 부르심에
반문 없는 순종(順從)과 봉헌(奉獻)으로
신앙의 신비(神秘)를 일깨워주시고
온 인류(人類)의 등불이 되시어
헌신(獻身)과 봉사(奉仕)와 사랑을
몸소 실천하신 분이여!
정녕 위대한 어머니시여!
죄인들 헤매는 험로(險路)에 서서
성령의 등불을 높이 밝혀
이정표(里程標)가 되시니
이토록 아름답고
이처럼 따뜻하고 정겨운
성모님의 그 큰 사랑을
그 무엇으로 다 갚을 수 있으리오…

원죄 없으신 모후여!
사랑의 어머니시여!
당신의 크나큰 희생(犧牲)과
사랑을 본받아
내가 먼저 봉사(奉仕)하고 헌신(獻身)하며
사랑받기보다는
사랑을 실천하며 나눌 줄 아는
주님의 자녀가 되도록 인도하시여
차고 넘치는 사랑과 헌신(獻身)으로
장미의 꽃다발을 엮어
주님을 찬양(讚揚)하고
흠숭(欽崇)하게 하소서

하여 성모님의 뜻을 따라
늘 사랑을 실천하며 봉사하는
주님의 자녀가 되게 하소서
이 한 몸 스러져 한 줌 재가 되는 그날까지

주님만을 섬기며
봉헌(奉獻)하게 하시어
저 높은 곳에는
빛나는 영광이 넘쳐나고
이 땅 위에는
사랑과 평화가 넘쳐 흐르게 하소서
성모님의 찬양소리 드높게 하소서

냉이

진분홍 진달래
화사한 얼굴 위로
살랑바람 지나며
해맑고 수줍은
미소를 흘리는
어느 따스한 봄날

넓은 들녘 헤매며
찾을 때는 숨더니
다듬을 땐 끝이 안 보이고
먹을 때는 게 눈 감추듯
사라져버린 "냉이무침"
아쉬워 입맛 다시는
내가 안쓰러운 듯
살랑바람 불어주는
봄님은 장난꾸러기

아! 옛날이여

인연(因緣)
인연의 고리 속에는
너와 나의 만남이 자리하고
만남 속에는 따스하고 포근한
정과 사랑이
모락모락 피어오르지
그 사랑 속에는 꿈과 희망이
잉태(孕胎)되어 삶을 키워가며
행복에 취(取)하여 노래 부르지
머나먼 훗날을 기약하면서…

그러나 언제부터인가
주위를 맴돌던 검은 그림자는
보일 듯 보일 듯 보이지 않는
희뿌연 실루엣(silhouette)이 되어
수시로 삶을 위협하던
이별과 사별이라는 남매는
어느 사이 불청객이 되어

불안함을 넘어 현실로 다가오면
우리는 눈물강을 건너야 하지…

하여 이별과 사별의 강물에
물수제비를 날리며
차갑게 식어버린 잔을 들어
그리움에 한숨짓노니…
너무도 싫은 이별과 사별
이들 남매의 레퍼토리(repertory)는
끝이 보이지 않는 그리움이기에
오늘도 한없는 그리움을 안고
지난날을 회상(回想)하지
만남이 있던 그 시절
사랑이 녹아 흐르던
그 아름답던 시절을…

한번쯤

모두들
어디로 가나?
어디로 무얼하러 가는가?
지친 발걸음 재촉하며
모두 어디로들 가는가?
한번쯤 멈춰 서서
화조월석(花朝月夕)에 잠겨볼 만도 한데
왜? 앞만 보고 걸음을 재촉하는가?

돌아온단 기약(期約) 없이
앞만 보고 가는 인생(人生)아!
세월 따라 익어가면
꿈인들 있으려나…
희망인들 있으려나…
사랑 또한 거기 있으려나…

주위 한번 둘러보지 못하고
오로지 앞만 보고 내달리는

그러나 이미 놓여 있는
기차(train) 선로(線路) 같은 인생(人生)아!
무얼 위해 사는가?
무얼 보려 하는가?

이토록 아름다운 세상에
눈길 한번 안 주고
앞만 보고 달려가는 인생아!
때늦은 뒤에 뒤돌아보면
모든 것 부질없고
공허(空虛)함만 남으리니
때늦은 후회 말고 주위 한번 둘러보며
꿈을 먹고 꿈을 키우며
사랑에 취해보세
한번쯤 화조풍월(花鳥風月)에 젖어
삶을 노래해봄이 어떨까?
화조(花鳥)가 되어봄은 어떨까?

허상(虛想)

세월 따라 계절 따라
바람 불면 부는 대로
물결치면 치는 대로
손잡고 따라 흐르다가
발길 닿는 곳에 뿌리내려
싹 틔우고 줄기 뻗어
꽃 피우고 열매 맺으면
부러울 것 없는 것을…

음지 찾고 양지 찾다
자갈밭에 놓인다면
험토인들 무엇하고
옥토인들 무엇하랴
모두 다 부질없는
일장춘몽(一場春夢)인 것을…

고갯마루 갈잎 되어
비가 오면 빗속에서

눈이 오면 눈밭에서
손잡고 함께 뒹굴다가
저 하늘을 지붕 삼아
이 한 몸 누이고 보듬어
고운 꿈 꿀 수 있다면
크나큰 행복인 것을…

안위(安慰)와 행복(幸福) 좇다
심신(心身) 건강(健康) 잃는다면
부귀영화(富貴榮華) 무엇하고
입신양명(立身揚名) 무엇하랴
모두 다 부질없는
일장춘몽(一場春夢)인 것을

환승

나 처음에는
저 하늘에 떠도는
하이얀 구름을 보며
자유롭게 날고 싶어 했고
구름 위에서 뛰어놀고 싶어 했지
구름 위에 두둥실 떠서
유영(遊泳)하고 싶어 했지
하여 부러움에
마냥 올려다보았다네
구름의 자유가 너무 부러워서…

그러나 지금은
저 하늘에 떠도는
하얀 구름의 자유를
부러워하지 않는다네
구름은 아주 작은 바람에도
밀려나고 흩어지며
소나기 지나가면

흔적(痕迹) 없이 사라지고
어느새 그곳에는
맑고 빛 고운 푸른 하늘이
밝은 웃음을 웃고 있기에
그곳엔 언제나 늘
따스함이 나를 반겨주기에
나는 하얀 구름보다는
늘 푸른 하늘을 더 좋아한다네
시리도록 푸른 저 하늘을…
꿈이 서린 저 하늘을…

못 잊어

일주일
더도 말고 덜도 말고
딱 일주일만 더 살아
나 가는 길 지켜주겠다더니…
무엇이 그리도 급하기에
머나먼 길 나서야 했던가?
왠지 야속하고 안타까워
잊으려 애써보지만…
두 눈을 꼬옥 감아보지만…
더욱더 보고 싶고 생각남은 까?

내 몸 괴롭고 아플 때면
당신이 늘 하던 잔소리가
내 귓가에 맴돌며
나를 눈물짓게 하는 것은…
아마도 당신을 잊지 못해
늘 그리워함이겠지?
오순도순 행복했던

그 시절 그때를 잊지 못해
늘 그리워함이겠지?

내가 사랑한 사람아!
야속하고 무정한 사람아!
정녕 안타깝고 불쌍한 사람아!
무엇이 그리도 급해서
사랑하고 손때 묻은
그 모든 것을 버리고 떠나셨는가?
말없이 먼 길 떠난
당신이 야속하고 미우면서도
두고두고 생각나며 그리운 것은…
세월 가면 갈수록 더욱 보고 싶음은…
나 당신을 끝내 못 잊고
마냥 그리워함일레라…
진정 사랑했음일레라…

코스모스

추적추적 비 내리는
칠월의 장마 속에
때 이른 코스모스
짙은 향기 흩날리며
참! 곱게도 피었구나

허나
변하는 세월 탓인지
어느 예술가의 솜씨인지
알록달록 옷매무새도
흩날리는 향기도 색다른
독특한 모양의 코스모스가
하늘 향해 고개 들고
함초롬이 비를 맞고 있구나
마치 가을을 재촉하는 듯
가을 하늘을 그리워하는 듯
그렇게 비를 맞고 있구나

실속

삶
삶이란 심신(心身)이
더불어 살아가는 것을
지칭(指稱)하지요
마음을 담고 있는 육신(肉身)은
나를 미화(美化)하는 포장지이며
내 얼굴은 나를 대표하는
간판(看板)입니다

하여 세월 따라
늙고 병들어가며 추(醜)해지는
볼품없는 내 모습 감추려고
겉치레에 치중(置重)하고 있지요
그러나 겉치레보다는 마음을…
실속을 채우는 것이 우선 아닐까요?
작은 머릿속이 꽉 찰 때까지…

삶을 위하여

시위를 떠난 화살과 같은
우리네 삶
이미 시위를 떠난 화살은
다시 조준할 수도 없고
가는 길을 막을 수 없듯이
우리네 삶도 이와 같은 것

하여 참된 삶을 영위(營爲)하고 싶다면
그 어느 곳에서 무엇을 하든
치밀한 설계도를 그리고
명확한 판단과 확신(確信)이 미소 지을 때
출발할 줄 아는 여유(餘裕)와
다시 한 번 점검(點檢)하는 조심성이 필요하지
또한 필요(必要) 이상의 흥분으로
이성을 잃어서도 안 되며
대수롭지 않은 일에
생사(生死)를 걸지 말며
절대 자만(自慢)하여서도 안 되는 것

하여
모든 말과 행동에 있어
조금 더 겸허(謙虛)한 자세로
너그럽게 포용(包容)할 때
진정한 꿈이 이루어지는 것
동시에 미완성(未完成)이던 삶이
우아하고 아름다운
완제품(完製品)이 되겠지…
보람찬 꿈이 이루어지겠지…

배반자

갈 곳 없고
몸에 지닌 것 없기에
세상을 떠도는 방랑자(放浪者)
메말라가는 샛강에 물줄기가
생명수(生命水)를 찾아 헤매듯
꿈을 찾아 헤매는데…

세상 물정(物情) 모르는
나 어린 철부지 소녀
그녀는 집시를 좋아했네
감언이설(甘言利說)에 현혹(眩惑)되어
푸른 꿈을 꾸며 집시를 사랑했다네
그 모든 것 다 바쳐 떠돌이를 사랑했다네
절대 첫사랑은 이루어지지 않는다는
속설(俗說)을 귓등으로 흘리며
그렇게 첫사랑을 시작했지만…
첫사랑을 키워 나갔건만…

소녀의 불안은 현실이 되어
끝내 그 사랑 이루지 못하고
기약 없는 이별의 늪에 빠지고 말았지

강산이 몇 번이나 바뀐
먼 훗날 먼 길을 돌고 돌아서야
그때 그 시절 그 자리에 서서
첫사랑 그 님을 그리워하는
아! 어리석은 사람아!
주변머리 없는 불쌍한 사람아!

이미 그 모든 것은
세월의 강물 따라 씻겨 가버린
가슴 아픈 미련(未練)만이
한 아름 남아 있는 것을…

때늦은 뒤에 곱씹고 있는
어설프고 가엾은 사람아!

이미 씻을 수 없는
배반자(背反者)가 되어서
무엇을 찾으며
또 무엇을 원하는가?
이제는 그 모든 꿈과 사랑이
빛바랜 실루엣(Silhouette)이 되어
눈앞에서 가물가물거리는
머나 먼 옛날에
흘러가버린 꿈인 것을…

어이할까?

들녘에 해 지고 땅거미가 찾아들면
활짝 피었던 꽃님네도
지는 해 볏님 따라
잠자리에 들기 위해
한낮에 꾸던 고운 꿈 끌어안고
꽃봉오리를 접어 닫는데…
이 밤도 지울 수 없는 아픔에
잊을 수 없는 그리움에
이내 마음 갈 곳 잃고
정처 없이 하염없이
꿈속을 헤매나니
아픈 마음 아픈 추억
그 아무도 모르기에
혼자 삭이며 혼자 앓는
잃어버린 그 사랑의
크나큰 그리움은 태산보다 더 높으니
아! 어찌하면 좋으리 잊을 수가 없는데
도저히 잊을 수가 없는데…

후회(後悔)

검은 머리에
허연 서리 내린 뒤에야
주위를 둘러보니
아무것도 지닌 것 없이
나 홀로 서 있네
인생길 뒤안길에 서서야
주위를 둘러보고 있네
만고풍상(萬古風霜)을
하나 가득 가슴에 담고서야
주위를 둘러보고 있네
꿈은 많았으나
무엇 하나 이루지 못하였기에
못다 이룬 꿈들을 추스르며
회한(悔恨)에 젖어드네
너무도 태만(怠慢)했고
너무도 방자(放恣)했던
내 젊은 날을 후회하며…

제3부

그 큰 사랑

회심(悔心)

철딱서니가
세상 물정(物情)을 알아가며
삶을 익혀갈 때엔
처음 대하는 그 모든 것이 신비로워
그저 가슴 벅차고 즐거웠을 뿐
세상 돌아가는 일이나
삶에 대하여서는
전혀 생각도 안 했다네
아니 힘써 알려 하지도 않았다네
왜? 모든 일에 말과 행동이 다른지
왜? 거짓과 모순(矛盾)이 난무(亂舞)하는지도…
언제나 마주 보면
눈앞에 보이는 쾌락(快樂)은
상냥하고 해맑은 미소로 늘 손짓하며
나를 따뜻이 보듬어주었기에…

그러나 바람 따라 구름 흐르듯
세월이 흘러가며 보여주는 그 모든 것이

그림자처럼 너무도 허무한
허상(虛想)이요 감언이설(甘言利說)이었음을
깨우쳐 정신이 들 때쯤엔
나 이미 심신(心身)이 시들어가며
서산 너머 지는 해를
하염없이 바라보고 있을 줄이야…

이제 와 지난 세월 아쉬워한들
무슨 소용이 있으랴마는…
하여 아픈 마음 달래며
오늘도 핑계 삼아 한잔 술로 잊어보는
아! 나는 주태백이
한 잔 술에 취하여 망각(忘却)의 늪을 걷는다
새롭게 눈뜬 세상을 만끽하기 위하여
다시 한 번 시작해보고 싶은데…
못다 한 꿈 키워보고 싶은데…
이젠 시간이 없다

과꽃

유난히도 긴 장마 속에
과꽃이 아름다움을 뽐내며
활짝 피어 웃고 있네
하나 둘 셋 넷
칠월 철 이른 꼭두새벽부터
곱고 아름다운
청초(淸楚)한 자태(姿態)를 뽐내고 있네

허나
물 흐르듯 흐르는 야속한 세월 탓에
채 가을이 오기도 전에
예쁘던 꽃잎은 낙화(洛花) 되어
실바람에 흩날리며
초원(草原) 위에 구르고 있구나
너무 일찍 왔기에
일찍 떠나가야 하겠지만
부는 바람 따라 가는 길에
양지(陽地) 바른

올곧은 곳 찾아서
그곳에 자리 잡고
못다 핀 꿈 못다 한 사랑
저 하늘에 그려보렴
잃어버린 계절이 올 때까지
후일(後日)을 기약(期約)하렴
내년엘랑 너무 일찍 일어나지 말고
따뜻한 꿈길을 걸으렴
네 사랑이 손짓할 때까지…

외로움

나 홀로
외롭다 생각하니
더욱 외롭고 쓸쓸한 것을…
그래도 생각할 수밖에 없는
그 외로움이
삶의 본질(本質)인 것을…

그러나
외로움을 쓸쓸한 고독(孤獨)이라
단정(斷定) 짓지 말고
외로움을 즐겨보렴
외로움의 본질(本質)을 느껴보렴
아마 또 다른 삶이
거기에서 웃고 있을 거야
네게 진정한 자유를 줄 거야

외롭다 생각하면 할수록
네 자신을 더욱 좁은

공간(空間) 안에 가두는 것
네 스스로 자승자박(自繩自縛)하지 말고
외로움은 네 안에 묶어놓고
네게 주어진 자유를 즐기는 거야
마치 들고양이처럼
세상을 활보(闊步)하며
마음껏 즐겨보는 거야
네게 손짓하는 자유를 맞아
펄펄 날아보는 거야
외로움은 그저 네 생각 속에 있는
보이지 않는 허상(虛想)이기에…

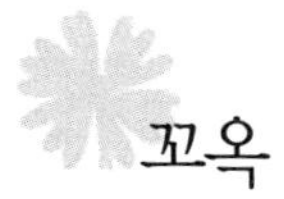

꼬옥

바람결에
산산이 흩어지는 구름처럼
마냥 잠들어가던 나의 꿈
내 젊은 그 꿈 다시 잠 깨워
나 옛날로 돌아가리라
잊혀가던 아름다운 그 꿈
다시 찾아 가꾸리라
나 아직 꿈을 잃지 않았기에
나 아직 삶의 끈을
꼬옥 붙들고 있기에
잃어버린 그 꿈 찾으리라…
잊혀가던 그 꿈
꼬옥 찾으리라…

꿈은 강물 따라 흐르고
나는 나도 몰래 잠들어
내 꿈도 잠들어 있었네
그러나 내 젊은 꿈

깊은 잠에서 일깨워
나 다시 뛰리라
내 작은 꿈을 위해 내일을 위해
내 작은 소박(素朴)한 그 꿈 아직은
깊이 간직하며 가꾸고 있기에…
나 아직 무지개처럼
빛 고운 꿈을 꾸고 있기에…
잊혀가던 내 꿈 찾으리라
꼬옥 찾으리라…

미련

스산한 바람 속에
밤은 깊어가는데
주룩주룩 비가 온다
저 하늘에도
내 마음 깊은 곳에서도…
주룩주룩 비가 온다
처량하게 비가 내린다
주룩주룩 주루룩…

저 빗소리 권주가(勸酒歌) 삼아
이 밤 한잔 술에 의존(依存)하여
시름을 잊어보려 하지만
점점 멀어져 가고 있는
내 젊은 날의 기억들은
엷은 미소(微笑)와 더불어
추스르기 힘든 고뇌(苦惱)와
가슴 아린 추억(追憶)들을
소환(召還)하고 있다

점점 소멸(消滅)되어 가는
지난날의 젊은 추억들은
점점 멀어져만 가는
내 젊은 날의 꿈과 사랑은
시시각각(時時刻刻)
미련(未練)으로 다가와
나를 그리움으로 잠들게 한다
자꾸만 멀어져 가는
내가 먹고 키운 꿈과 사랑은
나를 그리움으로 잠들게 한다

하냥

가을 하늘에
두둥실 흐르는
구름도 하얀색
세상 밖으로 갓 나온
풋밤도 하얀색
오도독 오도독
풋밤 깨무는 님의
치아(齒牙)도 하얀색

벌써
밤이 익어간다며
역시
풋밤이 맛있다며
오도독 오도독 깨물던
눈부시게 하이얀
님의 치아(齒牙)가 …

하이얀 햇밤이
너무 맛있다며
해맑게 웃던 그 모습
그 사랑스러움이
하냥 그립습니다
가을 햇살처럼 따사로운
님의 사랑스러운 미소가
하냥 보고 싶습니다
오도독 오도독
고소함이 묻어나던 그 소리가
하냥 듣고 싶습니다
가을 하늘처럼
해맑은 님의 미소가
하냥 그립습니다.
사랑했기에…
너무도 깊이
사랑했기에…

내 새끼

나 어느새
노년(老年)이 되어
우연히 마주친
남의 새끼 너무 귀여워
물끄러미 쳐다보네
앙증맞은 그 모습
사랑스러운 그 모습
너무너무 예쁘고 귀여워
정신없이 보네
너무너무 탐스러워
정신없이 보네
애꿎은 의심 속에
따가운 남의 시선(視線)
피부로 느끼면서…

하여 내 마음
심히 어지럽다
내 마음 몹시 슬프고

헛헛하다
나 젊은 시절
애벌레 내 새끼
그 무엇보다 귀하고
애벌레 내 새끼
그 무엇보다 더 앙증맞고
그 무엇보다 더 알차게
사랑스러웠건만
나는 몰랐네
나는 진정 모르네
나는 정녕 보지 못했네
그 선하고 사랑스러움을
나는 지켜보지 못했네

삶이란
울타리에 갇혀
가난이라는
울타리를 벗어나보려고

몸부림치며 허덕일 때도
무심한 세월은 덧없이 흐르고
남의 새끼 귀여워
부러운 시선(視線) 떼지 못할 때
금쪽같은 내 새끼 이미
보송보송하던 솜털 벗어던지고
다 자란 성충(成蟲)이 되어
삶이 쳐놓은 거미줄에 갇혀
에미 애비 걸어온 그 길
그 험난한 길을 밟고 섰구나

마냥
귀엽기만 하던
애벌레 내 새끼
어느덧
다 자란 성충(成蟲)이 되어
너털웃음 웃으며
힘든 삶을 그려가고 있구나

삭막한 삶 속에 서서
같은 모양
같은 그림 그리며
같은 꿈을 꾸고 있구나

그 큰 사랑

님이여!
님 살아생전
실천으로 보여주며
말씀으로 구원하시고
저 높디높은
십자가에
님 힘없이
매달려서는
사랑의
눈물과 기도로
죄인들 감싸 안으시고
뜨거운 보혈로
모든 죄 씻어내시어
용서와 사랑을 가르치신
거룩한 분이여!

님 세상 떠난
후세까지도

말씀으로…
기적으로…
그 큰 사랑 실천하시며
사악한 죄인들
감싸 안으신 분이여!

님 십자가에 못 박혀
신음으로 빗어내고
보혈로 닦아내며
악마의 유혹에서
굳건히 지켜내신
그 크나큰 사랑
헛되지 않으리라…
결코 헛되지 않으리라…

코로나19

하나 둘
과꽃 피어나고
고개 숙인
가화(嘉禾) 사이로
소슬바람 불어와
가을을 재촉하는데

각종 오물(汚物)에 뒤덮인
지구를 피해 달아나듯
저 푸른 하늘은
점점 높아만 가고
구름 한 점 없는 하늘 위로
외기러기 슬피 우는데

언제부터인지
온갖 괴질(怪疾)과
오물(汚物)로 넘쳐나는 이 땅
내 고향산천은

악취(惡臭)로
몸살을 앓고 있다

하여 숨쉬기조차 힘든
괴질(怪疾)은
지구를 점령(占領)해가며
수많은 인명(人命)을
유린(蹂躪)하고 있건만
그 어떠한 뉘우침도
깨달음도 없는 삶이여!
망종(亡種)이여!
어찌하려 하는가?
이제 정녕
어찌하려 하는가?
저 나어린
후손들에게 우린
무엇을 물려주려 하는가?
한번쯤 반성함이 어떨까?

우리 이제
구호(口號)에만 그치는
지구 사랑이 아닌
실천으로 한데 모여
대청소(大淸掃)를 해보세나
젊고 푸른 지구를
가꾸어보세나
저 가녀린
후손들을 위하여…

그 사람은

진정 사랑하기에
그 사랑 잃을까
두려움에 힘들어할 때
내 손 꼬옥 잡아주며
사랑하기에 절대로
당신 곁을 지켜내며
오래오래 살 거라며
내 마음 다독거려
흔들리는 이 마음
꼬옥 잡아주던 사람
그러나 내 마음
미처 가라앉기도 전에
너무도 먼 곳으로 떠나간 사람
그리움으로 잠들어
저 하늘 별빛 속에 사는
요정이 되어버린 사람
내가 진정 사랑한 사람

인생이란

누구는 축복 속에
누구는 냉대(冷待) 속에
세상에 선보이는
그 순간부터 군자(君子)와 소인(小人)으로
등급이 확정되는 것이 아닐진대
제비뽑기로 태어난다 함이 웬 말인가?
정말 등급이 있단 말인가?
누구는 말하길
살아가면서 개척(開拓)해가는 것이
진정한 삶이라 하던데
정말 등급이 존재한다면
힘들여 노력해도 다 부질없는 짓 아닌가?

하하 자넨 역시 뭘 모르는군
이 사람아! 자네가 삶으로 태어나는
그 짧은 순간
자네는 이미 로또에 당첨된 거야
너만의 인생이 시작된 거지

그러니 개떡 같은 등급을
운운(云云)하기 이전에
삶을 먼저 챙겨야 하겠지?
어떻게 하겠는가?
기왕에 태어난 삶인데
내 삶은 내 스스로 지키며
개척(開拓)해가야 하겠지?
개떡 같은 인생등급을 갈아엎으며
정상을 향해 뛰는 거지
성과 열을 다하여
내게 있는 그 모든 것을 투자해서…
이 사람아! 이젠 알겠는가?
이렇게 사는 것이 인생이라네
내게 주어진 삶을 지켜내며 가꾸는 것
이것이 인생이란 말일세

명절(名節)

오늘은
추석 명절인데
가는 이도
오는 이도 없다
가뜩이나
뜸한 발길인데
코로나19가
남은 발길마저
막아버렸다
하여
외로운 독거노인
더욱더
외로워졌다
외로운 노인네의
텅 빈 마음처럼
저 하늘도 텅텅 비어
잔뜩 찌푸리고 있다

하늘을 본다
텅 빈 하늘을…

눈물 고인
주름진 얼굴로
고향 하늘을 그린다
깨벗고 뛰어놀던
그때로 돌아가
잠시 잠깐
시름을 잊는다
작은 가슴속을
짓누르던
모든 것 내려놓고
쭈그려 앉아
알밤을 깐다

떠나간
할망의 얼굴을

눈에 넣어도
아프지 않을
귀여운
손주 녀석들
해맑은 얼굴을
떠올리며…
녀석들의
재롱을
그리워하며…
알밤을 깐다

사랑 이야기

너와 내가
정성껏 가꾸어온
해맑은 꿈과 사랑은
바람결에 흩날리고
파도에 씻겨 흐르는
모래성 같은
허상(虛想)이 아니기에

너와 내가
힘겹게 지켜온
청초(淸楚)한 꿈과 사랑은
심연(深淵) 저 깊은 곳에
보석처럼 간직되어
잊힐 수도 없단다
지울 수도 없단다
우리 둘의 꿈이었기에

하여 깊은 산중에

하늘 높이 우뚝 솟은
견고한 돌탑처럼
언제나 그 자리에 서서
심산유곡(深山幽谷)을 벗 삼아
너와 나의 꿈이 서린
사랑 탑을 쌓아가고 있는 거야

늘 푸른 상록수(常綠樹)처럼
사시사철 변함없는 사랑
언제 어디서 들어봐도
가슴 시린 사연 있는
그런 아름다운 사랑
만들어가고 있기에
우리 사랑 변함없이
지켜갈 수 있는 거야

하여 절대 지울 수도 없고
절대 잊힐 리도 없는

우리들의 꿈과 사랑은
이 작은 가슴속에 뿌리내려
진주처럼 영롱히 빛날 거야
우리들의 변치 않는 사랑은
이슬처럼 영롱히 빛날 거야
머언 훗날까지…

아마도

나
이제는 잊으리
정녕 잊으리다
굳게 다짐해놓고
또 잊지 못해
그리움에 젖는 것은
무슨 이유일까?

가을 들녘에
붉게 타오르며
발갛게 익어가고 있는
저 단풍잎 그늘에서도
그리움이 샘솟아
눈물짓게 됨은
또 무슨 이유일까?

밝고 해맑은
그 얼굴 그 미소
그 속삭임을
끝내 잊지 못하고
옛사랑 그리며
꿈같은 미련들을
떨쳐버리지 못함은…

아마도
아름답던 우리들의
꿈과 사랑이
드넓고 푸른
초원 위에 피어난
정녕 곱디고운
꿈이었음이어라

짝사랑

해바라기 꽃님
햇님 따라 맴돌 듯
내 마음
나의 시선
오로지
님을 따라 흐르고
내 마음 내 생각
님 향기 찾아
어제도 오늘도
쉴 줄 모르는데

내 사랑 내 님은
아는지 모르는지
뼈아픈 내 마음
아랑곳하지 않고
마음 졸이는
이내 마음 애태우며

고운 자태
고운 미소
바람결에 흩날리며
도도하게 웃음 지으며
활짝 피어나는
하이얀 백합이어라

하여
받을 수 없는
님의 사랑은
높디높은
태산 같아라
쉬이
넘나들 수 없는
태산 같아라

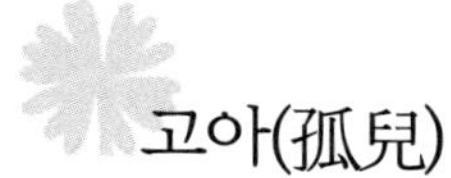

고아(孤兒)

내 이름은
노오란 개나리
때늦은 구월에 눈을 떴지
하여 내가 가진 것은 아무것도 없다
화려하지도 싱그럽지도 못하고
눈여겨보기 전에는 잘 보이지도 않는다
나 홀로 외롭게 피어 있기에…

그러나 내게도 꿈은 있다
오직 가진 것은 꿈뿐이지…
하여 나는 오늘도 꿈을 꾼다
따스한 훈풍을 받으며
봄소식을 알리는
화려한 내 모습을 그리며
나는 꿈을 꾼다
따뜻한 봄볕을 받으며
벌 나비와 노니는 꿈을 …

마지막 꿈

어김없이
또 한 해가
슬며시 떠나가고 있다
떠나는 계절 따라
낙엽도 가랑잎 되어
산기슭에 나뒹굴며
꿈을 잃어가고 있다
노오랗게 치장하며
예쁜 꿈 키워가더니만…
정열의 불꽃인 양
붉게 타오르며
맛있게 익어가더니만…
떠나는 계절 놓칠세라
황급히 따라가고 있다

이렇게 세월 따라
바뀌는 계절 따라

내 소중했던
꿈과 사랑과 인연(因緣)도
천천히 익어가며
서서히 귀향(歸鄕) 준비를 한다

깨벗고 왔기에
깨벗고 가는 인생이라
모두들 말을 하지만
우렁찬 울음 앞세우고
세상에 태어났지만
나 가는 길은 빈손이 아니리니
나 비록 낙화(洛花) 되어
떠나감이 옳으나
절대 빈손은 아니리니…

나 살아온 긴 세월
지키며 가꾸어온
꿈과 사랑과 인연(因緣)들을

그리고 수많은 추억들을
미련으로 남겨놓아
많은 사람 나를 기억하리니
그 많은 기억들을
나는 짊어지고 가고 있으려니
나는 빈손이 아니라네

하여 마지막 꿈을 접는
그 짧은 순간까지도
나는 기도하려 한다네
따뜻하고 가슴 시린
그런 이별하게 하여 주소서라고…
많은 이들 추억 속에
좋은 꿈으로 남아 있게
하여 주소서라고…

제4부

나의 기도

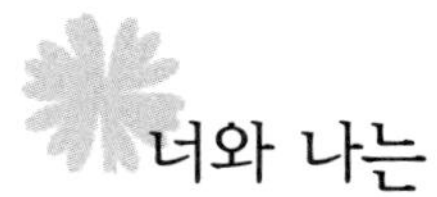

너와 나는

너와 내가
곱게 다듬으며
알차게 키워오던
조촐한 삶에도
기나긴 밤 지나고
아침노을
곱게 물들면
따스하고 밝은 해
떠오르리니
간밤에 어두움도
추위에 떨던
공포 속에 두려움도
그 모두 다
떠나가리라…

이제 곧
영롱한 아침 이슬
반짝이며 빛날 때

따뜻한 밝은 해
눈웃음 머금을 때
너와 나의
행복이 넘쳐나며
너와 나
해맑은 웃음 흘리며
곱디고운
꿈과 사랑을
목청껏 노래하며
흥겨운 춤을 추리라…
아름답고 빛 고운
춤을 추리라…

나는 술래

그리움이 사무쳐
마음속으론 언제나 울고 있기에
가슴 가득 슬픔이 고였는데
애써 웃어보려 함은
그래도 억지웃음 웃다 보면
맑은 웃음 고운 미소
혹여 내 것이 되지 않을까 해서지

이내 마음속엔
언제나 미움이 가득한데
입으로만 외치는
백만 번의 사랑 타령이
무슨 소용 있을까마는
그래도 사랑 사랑
목청껏 외치다 보면은
참 사랑에 눈을 뜨지 않을까 해서지

하여 오늘도
나는 꿈을 찾아 헤맨다
내 잊혀가던 추억과
그늘 속에 숨은 기억들을
남김없이 모두 모두 캐내어
꿈과 사랑이 담뿍 담긴
내 마음속 앨범(album)을 정리하며
잠자던 꿈들을 찾아내어
큰 소리로 노래하리라…

나의 기도

당신이
간지럼 주며
꽃처럼 웃고
내 모든 것
소중하게
아끼고
사랑하던 그 마음
나는 알 것 같네
솜사탕처럼
부드러운 그 사랑
이제 나는 알 것 같네

하여
꼬리별 떨어질 때
아이 같은 마음으로
나는 빌으려 하네
아니 두 손 모아 빌겠네
내게도 진정한

사랑에 눈뜨게 하시어
그 사랑 베풀어가는
삶을 지향(志向)하게 하소서
세상을 위해
산소처럼 살게 하소서
사랑하는 사람을 위해
늘 기도하게 하소서라고…

아쉬움

깃털처럼
부드러운 미소와
봄날 혜풍(惠風)처럼
따스한 손길로
감싸고 어루만져
황폐(荒廢)한 이 마음을
다독여주던
참으로 소중한 그 사람을
가슴 속에 묻고
그리움에 젖은 나날들을
야속한 세월은 짐짓 모른 체
덧없이 흘러만 가고
흐르는 세월 따라
삶은 빠르게 익어가는데…
또 꽃 피고 새봄 오면
싱그러운 새로운 생명들이
뜨거운 숨을 토해내겠지

하여
가시밭길 헤치며
정겹게 걸어왔던 그 길 그 발자국
점점이 찍힌 그 발자국 자국마다
꿈과 사랑과
한(恨)이 서려 있기에
차마 잊지 못하고
아쉬움에 떨며
미련(未練)에 젖어드는 것은
아마도
보다 뜨겁게 토해내지 못한
잃어버린 사랑을
못내 아쉬워함일레라
못내…

이명

나 어릴 적 꺾어 불던
피리소리 그치고
순박하고 따스했던
꿈도 저 멀리 사라진
하여 까맣게 잊어가던
그 옛날을 회상(回想)하는
이 가을에도 낙엽은 떨어지고
낙엽은 산기슭에 뒹군다

내 몸 이것만 내 마음대로
따라주지 않는 육신(肉身)을 끌고
햇볕 찾아 양지 녘에 앉았노라니
나 젊어서는 듣지 못했던
매미와 귀뚜라미
언제나 내 곁에 붙어 운다
이놈들 목도 안 아픈지
쉬지 않고 울고 또 운다

농익어가는 이 몸 외로울까
내 곁에 붙어 시도 때도 없이 운다
때로는 매미처럼
때로는 귀뚜라미처럼
울고 또 우는 이 녀석
알고 보니 매미도 귀뚜라미도 아니란다
녀석의 이름은 이명(耳鳴)이라 하던가?
하여 이 녀석은
내가 익어가면 익어갈수록
나를 괴롭히는 해충(害蟲) 같은 존재다
내게 붙어 피를 빠는
찰거머리 같은 존재…
그 이름 이명(耳鳴)이란다
이명(耳鳴)

나만

언제나
늘 깨끗이
치우고 닦아내도
뒤돌아서면
어느새
소복이 쌓이는
눈에 보이지 않는
먼지처럼

그리움은 그렇게
밤낮으로 쌓여가고
그리움이 또 그렇게
점점이 점철(點綴)되면
나는 외로이
상념(想念)의 늪에 빠져
해무(海霧) 속을 거닐며
파도에 쓸려간다

언제부터인가 서서히
보고픔에 지쳐가는
공허(空虛)한
이 마음 다독이려
저 멀리서 찾아오는
파도와 마주 앉아
옛일을 회상(回想)하며
기나긴 상념(想念)에 젖어든다

그리움이
먼지처럼 쌓여가는
내 슬픈 눈동자에
언뜻 언뜻 비치는
반짝이는 별님네는
님의 미소(微笑)처럼
배시시 웃고 있는데
파도도 철썩이며

힘차게
노래하는데
나만 홀로 외로이
그리움에 울고 있네
나만 덩그라니
홀로 해변에 앉아
외로움에 떨고 있네

꽃길

설화(雪花) 같은 내 님
꽃처럼 웃는 내 님
진정 사랑했는데
꿈속에서도
생시(生時)에서도
꿈같이 사랑했는데
잃어버린 그 사랑
살아서는 영영(永永)
맺지 못할 그 사랑
불귀(不歸)의 몸이 될지라도
님을 만날 수만 있다면
그 사랑 그 꿈
다시 찾을 수만 있다면
내가 걷는 이 길
해후(邂逅)의 기쁨이 가득한
아름다운 꽃길이 되리라…
꽃길이…

함께

우리 처음처럼
그렇게 함께 가자
굳은 약속 변치 말고
우리 늘 함께 가자
우리 서로 미워하지 말고
언제 어디서나 함께 가자
아프거나 다치지도 말고
우리 늘 함께 가자
우리 한마음 한 몸이 되어
손잡고 늘 함께 가자

우리 절대
앞서거나 뒤에 서지 말고
늘 함께 가자꾸나
손잡고 가다 보면
험한 길 비탈길도 있겠지
걷다 보면 심산유곡(深山幽谷)도 지나겠지

걷다 보면
폭풍설한(暴風雪寒)도 만나겠지

그러나 우리
잡은 손 놓지 말고
언제나 늘 함께 가자
너와 너
우리는 하나이기에
두 손 꼬옥 잡고 함께 가는 거야
절대 앞서거나 뒤에 서지 말고
늘 함께 가자꾸나
언제나 늘…

참 고마운 당신

이 몸 건강할 땐
언제나 맑은 미소와
따뜻한 손길로
다독이고 감싸주며
사랑의 단비를 내리더니
보잘것없는 이 몸
병들어 쓰러지니
온갖 잡일과 병수발에
힘겨워 비틀거리면서도
마음 편히 한번 눕지 못하고
간이침대 좁은 곳에 쪼그려 누워
쪽잠으로 달래가는
가련한 그 모습이
너무나도 애처로워
내게 있는 아픔보다 더
삶에 지쳐가는 당신 모습에
찢어지듯 아파오는

이내 마음 이내 심정
그 무슨 말로 형언(形言)하오리…

아! 가엾은 사람아!
어쩌다가 어쩌다가
나 같은 죄인을 만나
이 고생을 하시는가?
이렇게 계속 쌓여만 가는
그 크나큰 사랑의 빚을…
나 계속 받기만 하는 그 큰 사랑을
어떻게 무엇으로 다 갚으라고…
도대체 내가 뭐라고
당신의 모든 것을 잃어가며
희생(犧牲)한단 말이요
고맙소! 정녕 고맙소!
당신의 그 큰 사랑 죽어도 잊지 않으리다
그리고 사랑하오 진정 사랑하오

심(心)

너무도 연약(軟弱)하고
너무도 가녀리며
허약(虛弱)한 것이 마음인 것을…
우린 아는 듯 모르는 듯
심약(心弱)한 마음에
깊은 상처를 주고 있네요

내 마음도 네 마음도
우리 모두의 마음은
아픈 것을 싫어하고
상처 받는 것을 싫어하건만
우린 알게 모르게
자꾸만 상처를 주네요

크고 작은 사고로 인하여
찢어진 살갗은 꿰맬 수 있고
부러진 뼈는 다시 맞출 수 있지만
마음에 난 깊은 상처는

그 무엇으로도
그 어떠한 것으로도
고치거나 씻어내지 못하며
흔적(痕迹) 없이 지울 수도 없는 것을
우린 너무도 잘 알고 있잖아요

이제부터라도
서로 마음 아프게 하지 말고
서로 다독이며 감싸 안아주세요
너와 나의 마음의 호수에
돌을 던지기 전에
다시 한 번 생각해보며
영원히 지울 수 없는
마음의 상처를 남기지 말아요
네 마음과 내 마음 너와 나의 마음을
따뜻한 사랑으로 감싸주세요
마음은 너무 여리니까요

인생일화(人生逸話)

인생 사는 거
뭐 별거 있나
봄 가면 또 새봄 오고
그렇게 한 세월 가듯

어린것
천방지축 뛰어놀다
천생연분 짝을 찾아
웃고 울고 아웅다웅
티격태격하다가
세월 따라 낙수(落水) 되어
흙 속에 스며들 듯…

일가친척 벗님네들
훨훨 하나둘 떠나가면
눈물 속에 배웅하고
향내 속에 배웅받고
그렇게 또

덧없이 하염없이
한 세월 흐를 테고
후손들은 말하길
강산이 변했노라
그때가 좋았노라
옛이야기 하겠지

혼령이야 있건 없건
저 하늘의 별이 되어
짙은 향내 맡으며
아이들의 얘기 소리
웃음소리 듣겠지
후손들의
이야깃거리가
되겠지…

섶나무의 꿈

나는
성난 파도 속
거친 황무지(荒蕪地)에
덤으로 태어난
어설픈 섶나무

모진 비바람에도
혹독한 폭풍한설(暴風寒雪)에도
꿋꿋이 지켜낸
끈질긴 생명력으로
작은 가슴속에
커다란 꿈을 심었다
어두운 마음속에
한(恨)을 심었다

볼품없는 섶나무
어설픈 섶나무로 커오며
가슴속에 키워온 꿈

보잘것없으나
원대(遠大)한 그 꿈
청명(淸明)한 날
심신(心神)에서 캐내어
저 하늘에 심으리라
내게 붙은 이름 석 자
저 하늘에
그려 넣으리라
온 세상이 기억하고
온 세상이 부르도록
저 하늘 깊은 곳에
새겨 넣으리라…

님의 빈자리

하이얀 찔레꽃이
붉은 장미가 될 수 없듯이
그 어떠한 소장품도
아무리 진귀(珍貴)한 소장품도
님을 대신할 수 없는
님 떠난 빈자리
언제나 비어 있는
님의 빈자리…

다정한 이웃사촌도
형제자매의 사랑도
그 어떠한 부귀영화도
님을 대신할 수 없는
하여 님의 따뜻한 사랑과
그 손길 그 미소(微笑)
그 사랑에 목마른
한없는 그리움의 갈증(渴症)은

샘물 솟듯 하건만…

그 무엇도
님을 대신할 수 없는
달콤했던 님의 사랑과
따뜻하기만 했던
님의 보드라운 손길은
어딜 가고 없을까?
산천에 해 지고
어두움 찾아들면
새들도 보금자리 찾아드는데
또 하루해가 가고 있건만
오늘도 오시질 않네…

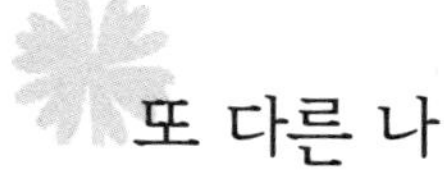

또 다른 나

나 태어나서
힘겹게 걸어온 길
그 길에 깊이 새겨진
수많은 얼룩들을…
나만이 알며 간직한
가슴 아린 사연들을 꺼내어
내가 나를 꾸짖으며
내가 나를 용서하고
내가 나를 가여워하며
내 자신 너무 힘겨워
소리 없는 울음 우는구려

내 자신 나를
너무도 잘 알기에
내가 나를 이해하고
내가 나를 용서하며
내가 나를 버리려 하는구려

내가 나를 벗어나
훌훌 떠나가려 하고 있구려

나 아닌 내가 되고파
또 다른 내가 되고파
모든 것을 내려놓고
모든 것을 잊으며
소리 없는 울음 울고 있구려
또 다른
내가 되고파…

왜?

아름다운 꿈속에서
기나긴 오랜 세월을
사랑했던 내 님아!
이별이란 웬 말인가
헤어짐이 웬 말인가
가야만 하겠는가?
꼭 가야만 하는가?

사랑했던 우리
같은 꿈 같은 그림 그리며
같은 길 손잡고 걸어서
같은 삶을 일궈왔는데
왜? 무엇 때문에 가려 하는가?
이 모든 게 일장춘몽이었던가?

무엇 때문에 노여웠는지
난 자세히 모르지만
그 노여움 풀고

다시 돌아서면 안 될까?
우리 진솔했던 그 사랑
다시 지켜가면 안 될까?
우리 사랑했는데
우리 사랑 언제까지나
영원하리라 믿었는데…

너와 나의 사랑 탑은
파도처럼 흩어지고
바람결에 흩날리는
그런 사랑 아닐 텐데
왜? 떠나려고 하는가?
왜? 잊겠노라 하는가?
사랑했는데…
사랑하는데…

모두가

깊은 밤
아무도 몰래
하이얀 흰 눈 내려
온 세상을 덮었네
모두가 그 모두가
하얗게 씻었네

아침 햇살
눈부시게 내려
하얀 눈을 녹이네
처마 밑으로 흐르는
반짝이는 눈물
낙수 되어 흐르는
깨끗한 눈물 눈물

그 눈물 곱게 흘러
온 세상의 모든 아픔
깨끗이 씻어갔으면…

우리 모두의 근심걱정
깨끗이 씻어갔으면…
묵은해와 함께…

며칠 후에 오시는
새해 새날부터는
모두가 그 모두가
건강한 몸과 마음으로
시작했으면…
눈처럼 깨끗한
그런 삶을 살았으면…

고뿔

그리움에
바이러스(virus)
나를 엄습(掩襲)하니
어허라 이를 어찌누
이 작은 마음에
또 엄동설한(嚴冬雪寒) 찾아와
고뿔[感氣] 들것네

님 보고픈
바이러스(virus)
파도처럼 밀려와
깊은 단잠 깨우니
허약한 이 마음
또 그리움으로 잠들어
고뿔[感氣] 들것네

설레임

기다림 속엔
설레임이 있고
그 기다림은
언제나 희망을 주며
그 기다림 속엔
온갖 꿈이 난무(亂舞)하지

하여 언제나
기다림 속에 있는
설레임에 흥분(興奮)을
너는 느껴보았니?
온갖 아름다움이
상상 속에 피어나
꿈과 사랑이 너울대는
그런 가슴 부푼 기다림을…
너는 안아보았니?
꿈과 사랑이 숨 쉬는 설레임을…

자아(自我)

지나치듯 스쳐온 인생길
그 길에는 서글픔도 있었고
고달픔도 있었다
그러나 말할 수 없는 환희(歡喜)와
아름다움도 있었고
풋풋한 정과 사랑도
그곳에 있었지

하여 그 아름다움이
그 따뜻한 정과 사랑이
새싹으로 태어나
꽃이 되어 꽃으로 지고
매년 또다시 피고 짐은
삶의 애착(愛着)이 있음이지
이 세상에 태어난 존재감에 취해
벌 나비와 춤추던
그 시절 그때가 그리워서

꽃은 매년 다시 피어나
삶을 노래한다네
꿈과 사랑을 노래한다네

하여 꽃은
세상의 모든 것을 맛보며
세상의 모든 것을 즐기며
세상의 모든 것을 누리며
그렇게 살아 숨 쉬며
세상 한 모퉁이를 차지하고 앉아
해충(害蟲)에 시달리고
해충(害蟲)에 먹히면서도
거센 폭풍우(暴風雨)를 이겨내며
실바람과 노닐다
낙화(落花) 되어 실바람 따라 흐르며
삶을 노래한다네
꿈을 키워왔다네

액세서리

우리 모두
하나쯤 지니고 있는
작은 액세서리(accessory) 하나
때로는 꿈이 되고
때로는 내 마음을 표현(表現)하며
저마다의 개성(個性)에 따라
핸드폰(hand phone)에서 가방에서
혹은 허리춤에 붙어 다니는
작은 액세서리 하나…

보잘것없어 보이는
그 작은 액세서리 속에
누군가의 삶이 담겨 있고
누군가의 꿈이 크고 있으며
따뜻한 사랑이
몽글몽글 영글어가은
우리 모두의 마음속엔

늘 누군가를 기다리고
누군가의 사랑을 원하며
무지개처럼 아름다움 꿈
풋풋한 꿈을 먹고 살기에
신중(愼重)한 마음으로 선택하여
나를 내 마음을 대신하여
누군가와 늘 함께하도록 하는
작은 액세서리 하나

보잘것없는
그 작은 소장품이
당신이 사랑하고 아끼는
그 누군가의 마음이라면
그 작은 장식(裝飾)품이 지닌
꿈과 사랑과 연민(憐愍)이
얼마나 깊고 넓은지
가늠할 수 없는 것

그 작은 액세서리 하나에
희비(喜悲)가 엇갈리는
많은 이야기가 숨어 있음을
마음에 되새겨보며
좀 더 곱고 아름답게
치장(治裝)해가야겠지…
마음과 마음을 이어주는
작은 액세서리 하나…

나 어떻게

네잎클로버와 함께
고이 간직한
앨범 속의 내 님은
빛바랜 사진 속에 앉아
수줍은 미소 흘리며
언제나 곱게 웃고 있는데…
변함없는 아름다움을
고이 간직하고 있는데…

나 그리움에 찌들어
옛일을 회상(回想)하며
추억의 늪에 빠져 있네
현실(現實) 속에 앉아
가상(假想)의 세계를 넘나들며
꿈을 꾸고 있네 꿈을 잃어가네
못다 한 사랑
못다 한 꿈을 찾아서…

정인이에게

어여쁜 새싹으로
민둥산에 태어나
버림받은 천사여!
양지 녘 옥토인 줄 알고
웃으며 찾은 그곳이
허허벌판 악취 나는
깊은 수렁일 줄이야
뉘 알았으랴…

그래도 살아보겠노라
고운 웃음 흘리며
고사리손 내밀었건만
사납고 매서운 폭풍우에
칼날같이 날카로운 채찍질에
채 피어보지 못하고
힘껏 날아보지도 못하고
큰 소리로 한번 울어보지도 못하고
고통과 신음 속에 주눅 들어

무참히 꺾여버린
어린 천사 정인아!
너무도 짧고 허무하게
떠나야만 했던 정인아!
모진 비바람이 너에게 지은 죄
우리 모두 고개 숙여 비오니
말 못 한 그 고통과 아픔을
사랑으로 승화(昇華)시켜
아름다운 꿈을 찾으렴!
푸른 날개 활짝 펴고
못다 한 삶을 찾으렴…
우리 모두 너를 위해
기도하리니…

어느새

그 아무도 막을 수 없는
그 무엇도 멈출 수 없는
세월의 흐름
그 흐름을 따라 따라서
제아무리 천하일색
아름다운 꽃이라도
흐르는 계절 속에 묻혀
시들어 낙화 되어 날리며
앙상한 씨방만 남기고…

웅장함을 자랑하던
아름드리 낙락장송도
세월의 흐름을 못 이겨
비바람에 부서지는
고사목 되어 쓸쓸히
지난 세월 간직하며
옛이야기를 남기지…

상록수 시절을 노래하며…

소꿉친구 너와 나
흐르는 세월 따라
곱던 얼굴 어느 사이
주름진 밭고랑 얼굴 되어
옛이야기 들먹이며
지난날을 회상(回想)하는
이야기 주머니가 되었구나
어느 사이 이야기 속
주인공이 되어가고 있구나…